Italien

Klassische Reiseziele

Die berühmten Villen in Venetien

Lionello Puppi

Atlantis

Ins Deutsche übertragen von
Dr. Maria-Dora Ott-Mangini

Redaktion
Dr. Dieter Struss

Titel der Originalausgabe
Le grandi Ville Venete

Herausgeber der Reihe
Silvio Locatelli und Marcella Boroli

Lizenzausgabe 1989 für
Manfred Pawlak Verlagsgesellschaft mbH, Herrsching

Printed in Italy, New Interlitho S. p. a. – Trezzano
ISBN 3-88199-570-6

Die Villen und die Landschaft Venetiens

Zum dankbaren Andenken an Bepi Mazotti, der sich um die Erforschung und die schwierige Bewahrung der »Kultur der venetischen Villen« verdient gemacht hat.

Unter dem merkwürdigen Pseudonym Ginnesio Gavardo Vacalasio gab der »Edelmann« Giovanni Sagredo erstmals 1667 eine Novellensammlung heraus, die einen gewissen Erfolg und etliche Nachdrucke erfuhr: sie hieß »Arkadien an der Brenta oder Die Vertriebene Melancholie« und ließ, nach dem erstmals im »Decameron« verwendeten Muster der Rahmenerzählung, drei junge Frauen und deren Verlobte den erzählerischen Inhalt des Buches vortragen. »Es ist die letzte Karnevalswoche«, und die kleine Gesellschaft hat beschlossen, ihre Ferien fern vom Stadtwirbel in friedlicher Heiterkeit zu verbringen: sie fährt also gemächlich und häufig anhaltend auf dem »Burchiello« – »dem schwimmenden Haus« – von Venedig nach Padua, »die Brenta entlang ..., auf dem reizenden und ruhigen Fluß, dessen mit edlen und stolzen Palästen geschmückte Ufer die Fahrt unterhaltsam und den Aufenthalt angenehm machen«. So bekundet und verherrlicht der venetianische Schriftsteller die arkadischen Eigenschaften dieser Landschaft, die die Wirklichkeit entrükken und zum Ruhen einladen, zugleich aber den offensichtlich urbanen Charakter des Gebiets um den Fluß bejahen. Die perfekten Bedingungen für eine sorglose und fröhliche Sommerfrische sind geboten, wie sie später unter anderem von Gozzi und Goldoni gefeiert wurde und der so viele berühmte Reisende, von Sophie von Hannover bis zum Präsidenten de Brosses, mit Bewunderung und Genugtuung huldigten. Am Ufer der Brenta wähnte wenig später der deutsche Botaniker Johann Christoph Volkamer den fabelhaften Garten der Hesperiden wiederzuerkennen, die aus den durch feindliche Barbaren verwüsteten Gestaden des Okzidents geflüchtet waren. Doch dieses Ufer ist in Wirklichkeit nur eine Episode, allerdings herausragend wegen der einzigartigen Vollkommenheit der Erscheinung, doch einem besonderen und unwiederholbaren Ort zugeordnet (der in groben Linien mit der heutigen Region Venetien übereinstimmt), diesem zivilisierten Ort mit seinen »edlen und stolzen Palästen« und seinen üppigen Gärten. Wir sagten »ist« und hätten sagen sollen »war«. Nicht so sehr die großartigen Fortschritte der Industriellen Revolution als vielmehr deren gedächtnis- und hirnlose Verwaltung hat für unser spezielles Thema nach einer heftigen und gewalttätigen Zerstörung von jener Einheitlichkeit nur Bruchstücke hinterlassen, die manchmal glänzend, beeindruckernd, lebendig sind, öfters jedoch armselig, verfallen, absterbend. Diese Reste sind jedoch, da planende Gesamtmaßnahmen ständig aufgeschoben werden, dank der wachsenden Habgier der Spekulanten von einer nicht mehr rückgängig zu machenden Katastrophe bedroht. Es ist fast müßig, darauf hinzuweisen, daß die Landschaft Venetiens in ihrer Eigenart das Ergebnis eines geschichtlichen Vorgangs ist. Aus Teilvorgängen zusammengesetzt, doch von einem einzigen inneren Antrieb zu seiner Berufung geführt und von der regen Entfaltung eines außerordentlichen Kulturabenteuers bestimmt.

Die Heraufkunft des 15. Jahrhunderts ist daher als der Ausgangspunkt der Ereignisse anzusehen, die Gegenstand unserer Untersuchung sind. Damals annektierte die Republik Venedig hintereinander Vicenza, Padua und Verona – Treviso gehörte ihr schon seit einigen Jahrzehnten – und erlangte dadurch auf Kosten der Herrschaften der Carrara und Scaliger (letztere allerdings bereits durch die Visconti ersetzt) die politische Gewalt über sein Hinterland in der Tiefe. Daß es sich um eine entscheidende und nicht umkehrbare Wende handelte, die nicht ohne innere Widerstände und Konflikte für die Zielsetzungen einer bis dahin unbeirrt auf das Meer und den Handel blickenden »Serenissima« ablief, ist klar. Und unvermeidlich mußte diese Wende das zukünftige Schicksal beeinflussen, beginnend mit der Änderung der wirtschaftlichen Grundlagen, zuallererst seiner führenden Schichten. An der Enteignung und Versteigerung des riesigen Grundbesitzes der früheren Herrscherfamilien und Hofbeamten beteiligt sich großenteils die Handelsaristrokratie der Lagunenstadt und setzt dadurch bedeutende Kapitalien in Immobilien fest.

Schon seit 1460 hatte Venedig durch eigene Verfügung des Zehnerrates den Rektoren, den Statthaltern in den unterworfenen Städten, befohlen, Zeichnungen des unterworfenen Gebiets anzufertigen: offensichtlich ist hier der Wille, durch eine umfassende kartografische Erhebung die strukturellen Bedingungen des beherrschten Gebiets zu prüfen, wobei sowohl die Absicht einer organischen Umgestaltung wie einer wirkungsvollen Vereinheitlichung eine – vielleicht noch nicht klar definierte – Rolle gespielt haben müssen. Zweifellos war die Untersuchung des umfassenden und unbeständigen Wassernetzes, von dem das Gleichgewicht in den Lagunen und das eigentliche Überleben der Hauptstadt selbst in hohem Grade abhingen, das Naheliegendste. Aber da mußte noch mehr sein, wenn man das steigende private Interesse der Oberschicht an Grundbesitz bedenkt: ein Interesse, das noch nicht die Entscheidung für eine rentable Landnutzung und schließlich kapitalistische Umordnung der Landwirtschaft bedeutet, aber immerhin eine allmähliche Dienstbarmachung des Gebiets einleitete und den Beginn seiner Umwertung in Richtung unvermeidlicher Urbanisierung und fortschreitender Auflösung der bis dahin prägenden ländlichen Kultur. Als 1483 ein junger Patrizier, Marin Sanudo, eine detaillierte Reise auf dem Festland unternimmt, ziehen bereits an seinen Augen neben verfallenden Burgruinen und den »Hütten der Knechte« oder »Arbeiter« die Strohhäuser der Bauern vorbei, die auf dem Hintergrund so vieler Bilder der damaligen venetischen Malerei, von Giambellino bis zu Cima, zu sehen sind, und die neuen, von den Städtern erbauten »allerschönsten« »Wohnhäuser« und Herrenhäuser – die Villen.

»Domus parva sed delectabiles et honesta«

(Kleines Heim, aber gemütlich und ehrlich)

Die Villa als nachweisbarer und erkenntlicher Typus entsteht in Venetien in der ersten Hälfte des 15. Jahrhunderts als Folge der Festigung der Herrschaft Venedigs über das Hinterland, des steigenden Interesses der Oberschicht an Grundbesitz und im Rahmen eines entsprechenden, sich zur gleichen Zeit beim Adel der unterworfenen Städte vollziehenden Prozesses: dadurch wurde es nötig, zur Verwaltung der Ländereien geeignete Bauten zu errichten. Die Tradition der venetischen Villen wird, in anderen Worten, von einem präzisen Bedingungsgefüge gefördert, das seinerseits auf der darüberliegenden Ebene von der Ideologie des Landlebens aufgerichtet wird. Sie beginnt mit baulichen Lösungen, die den Bedürfnissen einer neuartigen landwirtschaftlichen Betriebsführung gerecht werden. Sie beinhaltet auch die – wenn auch nur gelegentliche – Anwesenheit einer neuen Art von Herrn, eines Städters, dessen Anspruch an Bequemlichkeit und letztlich urbane Einstellung es verboten, schlicht und einfach die von der überlieferten ländlichen Tradition angebotenen Lösungen zu verwenden. Doch der Grundbesitz erheischte auch einen anderen, gerade durch die Eigenart des Besitzers gerechtfertigten Gebrauch des Besitzes zum reinen Vergnügen und fördert dadurch die Entwicklung von Typen, die immer mehr die ländlichen Gegenstücke der Überlieferung als anders, als niedrig verachten.

Allerdings kann kaum angezweifelt, noch soll es hier ausgeschlossen werden, daß, um die Anstöße zur Entstehung der Villenarchitektur herauszuarbeiten, eine genaue Kenntnis der baulichen Lage auf dem Land in vorvenezianischer und mittelalterlicher Zeit nötig wäre: denn es ist undenkbar, daß die bauliche Umgestaltung, besonders am Anfang, von bestehenden, den neuen Bedürfnissen anzupassenden Leitbildern ganz abgesehen hätte. Und inzwischen wird man die lange Zeit angenomme Folgerung in Zweifel ziehen, nach der der Ursprung der venetischen Villa des 15. Jahrhunderts nicht in einem urbanen, sondern in einem ausschließlich venezianisch-lagunaren Typus zu finden sei: genauer, im Wohn- und Geschäftshaus mit den eine Doppelloggia einschließenden »Türmchen«. Dessen Vorbild wurde als Endergebnis der Entwicklung aus einer spätklassischen Form durch die Welt von Byzanz (oder besser, die Ravennas und des Exarchats) und die des Mittelalters hindurch angesehen. Solch eine Annahme gründet nämlich auf einem offensichtlichen Fehler: Sie schließt auf einen bestimmten Typus von einer in Wirklichkeit weiten und differenzierten Vielfalt und mißt ihm dadurch einen Wert und eine Bedeutung an Einfluß und Verbreitung bei, der ihm nicht zusteht.

Eine grobe Untersuchung bestätigt, um allein bei einer interessanten und besonders durchforschten Gegend – der von Vicenza – zu bleiben, daß nur zwei noch bestehende Villen des 15. Jahrhunderts eine eindeutig venezianische Herkunft zeigen: die Villen Da Porto Colleoni in Thiene und »Ca' Brusà« in Lovolo d'Albettone. Doch handelt es sich hier in Wirklichkeit - wie die Urkunden beweisen – um die Ergebnisse einer bewußt geplanten Anpassung an venezianische Formen: das eine – »Ca' Brusà« – eine mundartliche Übersetzung der urbanen Lagunensprache, objektiv eine Herabsetzung des Bildungsniveaus; das andere – Villa Da Porto Colleoni – zwar vollständig übernommen, aber nicht ohne den Tand (die mit Zinnen bestückten Teile), um Beziehungen zum übriggebliebenen Bestand herzustellen, jedenfalls unter besonderen Ausnahmebedingungen. Genauso war es bei der Instandsetzung der Villa, als sich Orso Badoer, ab 1468 nach Vicenza verbannt, in Cricoli eine Wiederholung des unter Zwang verlassenen venezianischen Palastes errichten ließ (und die später, wie wir beschreiben werden, von Giangiorgio Trissino mit neuer klassischer Ausschmückung versehen werden sollte). Gleiches gilt für wenige andere Fälle; darunter eine ebenfalls übertragene Erinnerung an die Wohnstätte am Canal Grande: der prunkvolle Sitz mit hochberühmtem *barco* (altertümlich für »Park«) – nur ein Gesindeflügel ist noch erhalten – , den sich Caterina Cornaro am Ende des 15. Jahrhunderts in Altivole bei Castellfranco Veneto errichten läßt. Diese sommerliche Bleibe ihres raffinierten Kreises von Literaten, Musikern und Künstlern erschien den erstaunten Augenzeugen prächtig wie ein Königssitz.

In Wirklichkeit ist die Entstehung der Villa des 15. Jahrhunderts eindeutig auf das Interesse am Land im Rahmen der venezianischen Besitznahme zurückzuführen und paßt sich den Forderungen von Umständen und Aufgaben mit einem großen Vorrat verfügbarer architektonischer Einzelformen an: erwähnenswert unter diesen die Anstöße aus dem städtischen, ziemlich vielfältigen Bauwesen des Binnenlandes und sogar aus dem Klosterbau (Pilgerunterkünfte, Pfarrhäuser, usw.). Die Festlegung der Regeln – vielmehr, die Rückführung auf kleinsten gemeinsamen Nenner der in der Hauptstadt vor sich gehender Umformung, von der höchsten Blüte der Gotik bis zur Bestätigung einer herben Renaissance – der aus solchen Einflüssen gewonnenen Lösungen wird am Ende eines geschichtlichen Vorgangs erfolgen. Dessen bestimmender Antrieb und dessen Absicht zur Vereinheitlichung sind in der Präsenz Venedigs und seiner in die letzten Winkel ausstrahlenden, dominierenden Kultur zu sehen, im Gefüge einer schon vorhandenen grundsätzlichen Einheit von Milieu und Boden.

Hinzuzufügen ist, daß, gleich aus welchen Einzelteilen die Grundlagen bestehen, die venetische Villa des 15. Jahrhunderts ein bestimmendes allgegenwärtiges Merkmal aufweist, das genau mit dem Zusammentreffen von funktionellen Ursachen zusammenhängt. Es ist, konkret ausgedrückt, erkenntlich an einer gestaltlichen Entsprechung zwischen einem ebenerdigen Portikus und einer Loggia darüber. Obwohl dieses Zusammentreffen nicht immer streng eingehalten scheint (wir finden zum Beispiel Portiken vereint mit Zwillings- oder Drillingsfenstern usw.), stellt es doch das kennzeichnende Merkmal der erwähnten Regelung dar. Zu dessen Verständnis muß man die Art der Beziehung herausarbeiten, die sich zwischen dem auf den Gegensatz Portikus-Loggia zentrierten Gebäudekern und den anschließenden Arbeitsräumen für unmittelbar landwirtschaftliche Aufgaben bildet.

Diese Beziehung zielt auf sichtbaren Zusammenhang durch gegenseitige Durchdringung und Abhängigkeit. Sie drängt allmählich die Möglichkeit getrennter und hierarchich geordneter Sehweisen an den Rand und legt dadurch die Grundlagen für eine Entwicklung, die in der Auffassung Palladios gipfeln wird – auf dem Weg über die vermittelnde Eingebung Sansovinos in Pontecasale, wie wir sehen werden. Und noch einmal soll betont werden, daß die solch eine Entwicklung begünstigenden Umstände, fähig, Typus und Ausdrucksmittel in einer Ordnung auszurichten, im Zusammenhang mit der in den ersten Jahrhunderten der venezianischen Herrschaft anstehenden Ursachen und in der Art der organisierten gesellschaftlichen Beziehungen zu sehen sind: in einer »Politik der Villenbauer«, die, bei aller offen gezeigten Absicht, den »anderen« zu kolonisieren und ihm seine Kultur zu nehmen, seine Einbeziehung in die errichtete urbane Ordnung erlaubt.

Welche diese Ursachen waren, wurde bereits im Hinblick auf die private Berufung dargelegt: jetzt gilt es festzustellen, wie von Anfang an der Wille vorherrschte, einen geeigneten Landsitz für den Städter zu schaffen, dem der Wunsch nach Flucht aus der Stadt und nach Annäherung an die Natur vorgelagert war. Natur, wohlgemerkt, die weder zufällig noch wild ist: sondern geplant und erbaut vom Menschen nach dem Modell seiner eigenen idealen Bestrebungen, geformt von seiner unmißverständlichen Einstellung. Das Alltägliche, die weltliche Anspannung, die Hingabe an die Leidenschaft, all das, was der städtischen Dimension zugedacht wird, ist zu scheiden von der Klarheit der Meditation und der reinen, erhabenen geistigen Tätigkeit, die nach einer abgeschiedenen Zufluchtstätte verlangt. Dafür ist zwangsläufig ein seliger und ruhiger Naturzustand notwendig. »Die Villa«, schreibt um die Mitte des 15. Jahrhunderts der vornehme Schriftsteller Bartolomeo Pagello aus Vicenza, »soll nur meinen Sachen genügen und der redlichen Freude dienen. Es reicht ein einziger Portikus, der das Haus mit dem lieblichen Garten verbindet und zu dem vom Hof nur zwei einfache Stufen führen; links und rechts einfache, nur zum alltäglichen Gebrauch eingerichtete Zimmer. Im Garten viele Apfel- und Birnbäume, Granatapfel- und Zwetschgenbäume aus Damaskus und üppige Reben; und in der Nähe des Hauses viele Platanen und gestutzte Buchsbäume, ein wunderschöner Lorbeerbaum und ein kristallklarer Brunnen, den Musen heilig.« Hundert Jahre später wird sich auch Anton Francesco Doni in einer kleinen Abhandlung mit der Villa beschäftigen, seiner Beschreibung nach »ein Haus für Edelmänner und Literaten: denn der eine, von den Sorgen um die Republik bedrückt, sucht einige Monate lang die Zerstreuung des Geistes, um den Verdruß des Regierens zu ertragen; der andere, müde von den Büchern, besteigt einen Hügel, spaziert ein wenig über eine Ebene und ruht sich aus mit einem unterhaltenden Büchlein in der Hand.«

Es ist der Bezug auf eine konkrete Landschaft, in der wir mit eingier Vorsicht die erste Phase der venetischen Villen erkennen können. Und die zugrunde liegende Haltung ist die humanistische, die auch von der politischen und ökonomischen Oberschicht Venedigs und Venetiens geteilt wird, der Hauptfigur des Prozesses funktioneller und formeller Umgestaltung des Festlandes. Diese Haltung entspringt der Petrarcaschen Konzeption des »einsamen Lebens«, die auf klarer und scharfer Gegenüberstellung von *urbs* (Stadt) und *rus*(Land) beharrt, wobei sich der zunächst allgemeine und informelle Begriff *rus* langsam in einer architektonischen Ordnung konkretisiert, ausgedrückt durch die wirkungsreiche Beziehung zwischen eigentlichen Bauten, *domus*, die den beschriebenen typologischen Regeln gehorchen, und gestalteter Natur *(oliveta, vineae)*, das heißt Garten. Garten ist ein anderes Stichwort, das nicht vernachlässigt werden soll.

Von Pietro Bembo haben wir eine ausführliche Beschreibung seines Landhauses in Santa Maria di Non bei Padua. Das Haus, das heute leider nicht mehr existiert, dessen beispielhafte Bedeutung aber allgemein anerkannt wird, wurde sicher um 1476 erbaut. Bembo erwähnt »ein Wäldchen ... anschließend an den Obstgarten ... recht angenehm und schön (und wie) das Haus und alles den ganzen Tag von Rosen ... voll«, eine »kleine Laube« am Ende des Gartens, ein »schönes und großes Lusthaus« von Efeu. Das Bild entspricht dem, das der Humanist Francesco Colonna etwas vager in einigen Passagen der »Hypnerotomachia Poliphili« gezeichnet hat. Wir können ihr dort zeugnishaften Wert beimessen, wo von Gärten die Rede ist mit »Pfaden, gesäumt von Apfelbäumen ... grünend mit immerwährendem und üppig wucherndem Laubwerk«, von »allergrünsten Hainen, umschlungen von vollen Kanälen und von sprudelnden Bächen«, einer Laube, »bewachsen mit edelsten Rosen üppig von blutroten Blüten«. Der Garten, dessen Achse zentriert ist auf Portikus und Loggia des Herrenhauses, ist grundsätzlich ausgerichtet auf einen kurzen, mit Laube überdachten oder von Hecken flankierten

Eingangsweg, der die ordentlich angelegten Wein- und Obstgärten abteilt und in ein Wäldchen mit freierer Vegetation mündet, wo sich ein Pavillon aus Sträuchern befinden kann: vollkommene Verbindung stellt sich ein zwischen Innenräumen und Natur, die folglich als »ergänzende Szenerie«, als Gegenpol zur Gebäudegruppe gesehen wird. Man betrachte nur, vom wenigen, das uns erhalten geblieben ist, die Villa Giustinian in Roncade. Es kann sein, daß das solchermaßen stabilisierte Endergebnis nicht zu denken wäre ohne die tatsächliche Erfahrung – oder, wenn man will, die Erinnerung daran – gewonnen in den »Köstlichkeiten«, den »schönen Gärten«, die die venezianischen Patrizier schon seit dem 14. Jahrhundert auf Murano und der Giudecca anlegten (auf dem berühmten Perspektivbild, das Jacopo de' Barbari im Jahr 1500 herausgab, deutlich zu erkennen). Dorthin waren sie, wann immer es möglich war, geflüchtet vor dem Wirbel der Geschäfte und den politischen Sorgen der Stadt, dem »Ort des Zornes«. Trotzdem ist die Gestaltung auf dem Festland von unbestreitbarer Originalität. Oft wird die Anlage abgerundet durch Freskenzyklen im Inneren der wichtigsten Räume und auf den Außenfassaden, ganz in der Tradition der bemalten Häuser in Venedig und den Städten Venetiens. Die Motive dieser Fresken nehmen die Anspielungen auf Parnaß und Helikon in der Ausführung der Gartens auf, beabsichtigen jedoch auch eine Verherrlichung von Familien oder Einzelpersönlichkeiten.

In einem Brief vom Oktober 1513 bemerkt Alberto Pio da Carpi »um Treviso« (doch die Beobachtung ist ausdehnbar) einen Landstrich, der nun gebändigt und zivilisiert worden sei zum »gratiora et commodiora« (Anmutigeren und Angenehmeren); dort war es, wo die Venezianer »villas construxerunt, et ad eas secedunt tamque ad suburbana sua« (Villen erbaut haben, in die sie sich als in ihre vorstädtischen Wohnungen begeben). Wir sehen schon die Züge der neuen Landschaft.

Nutzen und Trost

Das ganze 15. Jahrhundert hindurch und am Beginn des 16. Jahrhunderts wird das Gebiet hauptsächlich passiv genutzt, zur Sommerfrische. Es besteht wenig Neigung, das Land mit einer durchgreifenden Reform rentabel zu machen. Erst die gerade noch abgewendete Gefahr des Krieges von Cambrai (ab 1509) und die Krise des östlichen Mittelmeers, das von den Türken immer mehr bedroht und von den neuen atlantischen Seewegen entwertet wird, machen den Umschwung am Anfang des 16. Jahrhunderts, der ohnehin kommen mußte, sinnvoll. Doch der Rückgang von Handel und Seefahrt wird den Venezianern mit der Umstellung auf Renten abwerfende Wirtschaftsformen und auf Agrarkapitalismus auch eine allmähliche Änderung der Sitten und des Bewußtseins bescheren, er wird die gesellschaftlichen Beziehungen im Gefüge der Aristokratie erstarren lassen, wird die neufeudale Ideologie des »heiligen Ackerbaus« hervorbringen. Letztere fußt auf einem imposanten Vorhaben, zur Urbarmachung großer Besitze, die vorher durch lange Untätigkeit versumpft waren und jetzt durch Privatinitiative, bei tätiger Hilfe des Staates, zurückgewonnen werden.

Der Rückgang , bedingt um 1530 die Umwandlung der Kaufmannsaristokratie in einen richtigen landbesitzenden Adel, als der »Rutsch nach oben« in der gesellschaftlichen Rangordnung konkrete Folgen für die venetischen Villen hat. So wie für Roberto von Spilimbergo »das schönste und geziemendste

Geschäft für einen Edelmann ist, Land zu kaufen«, ermahnt Memmo die Bürger, »von ihren Renten« zu leben, und Falcone schließlich erklärt, daß »Villa, Landgut oder Besitz ein und dasselbe sind, was aus meheren Sachen besteht«. So wird aus dem städtischen Edelmann, der sich gelegentlich aufs wohltuende, entspannende Land zurückzog, der Landedelmann; durch die erweiterte Staffelung des Besitzes – der nach und nach das gewinnbringende Kapital aufsog und die Grundlage gesellschaftlicher Würde bildete – und die Umgestaltung des Besitzes zu funktionsgerechten Gütern entsteht gleichzeitig der Bedarf nach Gebäuden für die praktischen Aufgaben, die auch der Würde des adeligen Besitzers Genüge leisten.

Der Vorgang der Typusbildung des 15. Jahrhunderts war abgeschlossen, ja ausgelaufen. Es lagen im wesentlichen einheitliche Gegebenheiten vor, erreicht durch ein Zusammentreffen von Absichten; nun, nach mehr als einem Jahrhundert venezianischer Herrschaft bedeutete die endgültige Entscheidung der herrschenden venezianischen und venetischen Schichten für die Landrente, daß der Auftraggeber auf eine Neufassung (nicht Umwälzung, sondern organische und effiziente Entwicklung) der Gegenheiten setzte. Diese Änderung mußte die Wirtschaftsgebäude vergrößern, sie mußte verschiedene Ordnungsprobleme so lösen, daß die formelle Realisierung jeder Funktion auch ihre Bedeutsamkeit hervorhob, eine vom aristokratischen und feudalen Charakter des Vorgangs untrennbare Aufgabe. Eine solche Hervorhebung verlangte unverweigerlich danach, durch die zur Welt der Klassik gehörenden Zeichen und Ausdrükken realisiert zu werden – wobei Klassik nicht so sehr historisch als rhetorisch zu verstehen ist, als Garantie und Legitimierung der durchgeführten Veredelung. Palladio sollte der geniale Ausführer und Poet eines solchen Plans sein. Aber schon in den Versuchen Falconettos in der Villa dei Vescovi in Luvigliano oder denen Sanmichelis in der großartigen Villa Soranza in Treville bei Castelfranco Veneto – abgerissen Anfang des 19. Jahrhunderts – stellt sich das Problem der vollständigen Umgestaltung des Landes und der Natur und deren Anpassung an die Gebäude selbst. Es wird aufgegriffen, sowohl was die funktionale wie die formale Seite betrifft, mit eingehendster Anpassung des architektonischen Ausdrucksvorrats, es wird herausgehoben durch die Berufung von Arbeitsgruppen aus der städtische Malerelite zur Ausschmückung der Innenräume der neuen Villen.

Beispielhafter Wert allerdings kommt für das folgende 16. Jahrhundert dem von Jacopo Sansovino für die Garzonis, venezianische Patrizier, in Pontecasale bei Padua errichteten Gebäude zu. Es schöpft in Auseinandersetzung mit dem vorbestimmten und vorrätigen Muster alle gegebenen Möglichkeiten aus, übersteigt und verklärt sie. Hier wird die Planung des bewundernswürdigen Komplexes beherrscht von dem Willen, durch eine unbeirrte Regelübung ein einheitliches räumliches Ereignis zu schaffen aus der Verschiedenheit und Komplexität der Bestandteile (des auf eine Doppelloggia zentrierten Herrentrakts, der *barchesse*, d.h. überdachten Scheunen, der Höfe, des Gartens). Mit klarer, strenger, Leitbilder aufstellender Absicht prägt der Architekt seinen eigenen Eifer in die Ausdrucksgefüge, die er an den »wunderschönen und prächtigen in Venedig errichteten Gebäuden« erprobt hatte zur Verherrlichung der dortigen Aristokratie. Die Legitimierung der Forderung nach Glanz schließlich besteht in der Treue zur urbanen Bedeutung eines Bautyps.

Sie wird durch die Übernahme klassischer Motive und den Gebrauch eines Vorrates aus »römischem Erbe« nach dessen Überarbeitung in der Hauptstadt selbst verwirklicht und damit aufs Land getragen.

Palladios Rolle wurde erwähnt. Dieser Architekt soll die begonnene Auseinandersetzung mit absoluter und endgültiger Folgerichtigkeit abschließen und die venetische Welt, auch dank der Resonanz seiner Tätigkeit, über seine Lebenszeit und die seiner Werke hinaus unauslöschlich prägen. Wesentlich ist – wenn auch nur als theoretische Überlegung in der Abhandlung »Die vier Bücher der Architektur« geäußert – das Wissen um das »Amt des weisen Architekten«. Es wird in der Notwendigkeit erkannt, »mit größter Sorgfalt und Mühe« die Eigenschaften des *situs*, des Ortes, den zu geestalten er berufen wurde, »zu untersuchen«, um das seinen Zwecken dienlichste Moment auszumachen und zu wählen. Laut Palladio muß also der Plan aus der Feststellung konkreter Bedingungen entstehen und aus dem Abgleich mit variablen Gegebenheiten; die genaueren Ursachen der einzelnen Anforderung sollen hervortreten, sowie eine eigene Ausdrucksweise. Und hier trifft Palladio ins Schwarze. Die Gegenbeziehung zwischen erweiterten Wirtschaftsgebäuden und denkmalartigem Herrenhaus, die in gleicher Weise den materiellen wie den ideologischen Notwendigkeiten Venetiens entspricht, sollte in die Form einer vollständig klassizistischen Ausdrucksweise gebracht werden. Es handelt sich um ein Hindernis, über das sogar Sansovino gestolpert war mit seiner Trennung, ja Gegenübersetzung von für die Arbeit eingerichtetem Bauernhaus und den edlen venezianischen Säulenreihen des Herrensitzes. Der Meister aus Padua dagegen überwindet das Hindernis durch eine Erneuerung der architektonischen Gesetzmäßigkeiten der Villa, die in Wirklichkeit Wiedergewinnung und Anpassung ihrer Grundbedeutung ist.

Palladio scheut sich nicht, im Bauherrn des »Villenhauses« einen »glänzenden und bequemlichen Edelmann« zu sehen, offensichtlich den Vertreter des neuen Patriziats der Lagune. Ohne Zweifel denkt er bei der Beschreibung des idealen Auftraggebers an seinen Mäzen und Freund Daniele Barbaro, der die venezianische Aristokratie aufruft, da sie des Reichtums nicht ermangelt, um »ehrenvolle Dinge machen zu können«, sich dem »Geist, Wissen und der Erfahrung« anzuvertrauen und ihre »allzu schlechten und fehlerhaft gestalteten« Gebäude zu erneuern. In die so gezeichnete Gestalt des Edelmannes wird jedoch mit den Forderungen anch funktioneller und formaler Erneuerung die Figur des Edelmanns vom Festland einbezogen. Für die »großen Edelmänner der Republik« setzt Palladio dann die zwei Hauptprinzipien fest in der Forderung nach »Nutzen und Trost«. So ermahnt er das gleichzeitige Vorhandensein zweier Elemente als gegensätzlicher Pole eines einzigen Strebens, das wir noch im Verlauf des 15. Jahrhunderts und sogar in der Auffassung seines ersten Meisters Giangiorgio Trissino getrennt finden – wie der in verzerrter Anspielung an die römische Villa Madama durchgeführte Umbau des ehemalig Badoerschen Wohnsitzes in Cricoli bezeugt. Das Programm der Anwesenheit des Edelmanns in der Villa wird von Palladio im einzelnen und folgerichtig aufgestellt: »seine Besitzungen sehen und schmücken«, dem »vom Stadttrubel erschöpften Geist viel Ruhe und Trost bieten, friedlich ... den literatischen Studien und der Meditation nachgehen ... leicht jenes selige Leben führen, das man hier unten erreichen kann«. Die Villenhäuser stellen also hauptsächlich das »Familien- und Privatgeschäft« dar; die Synthese von wirtschaftlichem Motiv und gehobener »Ergötzung«, von Aufgabengerechtheit und Glanz, geht gestaltlich in eine Vorstellung ein, in der sich der »neue Brauch« und »die wahre Schönheit und Leichtigkeit der Alten« auf dem *situs*, dem Platz, vereinen. Der Festsetzung des Platzes mißt dieser Architekt, wie wir festgestellt haben, eine besondere Bedeutung bei. Auf ihn gründet der Urbanisierungsprozess, dem allerdings die Isolierung des Villenhauses entgegensteht. Es ist ja in die Natur gestellt, streckt sich in die Natur hinein, nimmt und eignet deren feinste Bodenmerkmale an, um sie in seiner eigenen offenen Form hervorzuheben.

Palladios Plan zielt auf eine Raumanordnung ab, die eine nicht gleichgültige Anwesenheit auf dem Land erfordert. Er führt zu den »zwei Gebäudearten«, die (in Antwort auf die in der venetischen Tradition vorhandenen Beweggründe und im Bewußtsein Palladios) »in der Villa verlangt werden, die eine zur Wohnung des Herrn und seiner Familie, die andere, um die Ernte und das Vieh der Villa unterzubringen«:auf dieser Grundlage soll der Platz aufgeteilt werden. Bemerkenswert diese Meinung. Typischerweise hatte Barbaro geschrieben: »viele Bequemlichkeiten soll man dort (in den Villengebäuden) haben, und viele Bequemlichkeiten der Natur...: es soll also so gebaut werden, daß weder das Gebäude dem Grund, noch der Grund dem Gebäude neidisch ist.« Es handelt sich um die Synthese von wirtschatlicher Aufgabe und gehobener »Ergötzung«, die Palladio durch die Erfindung eines klassizistischen Lexikons – das »Wunder« seines Lexikons – vollbringt. Es bewältigt das schwierige Unterfangen und regelt dabei die verwickelte Gestaltwerdung des »Villengebäudes«; sodaß sich die verschiedenen und scheinbar widersprüchlichen Zutaten, die zur Verwicklung und Hervorhebung der Aufgaben dienen, harmonisch ineinanderfügen. Die Unterschiedlichkeit der zwischen Verona und Treviso liegenden Bauplätze ermöglicht es dem Architekten, vorher festgelegte Modelle zu verwerfen, sie gibt ihm größte Beweglichkeit und Erfindungsfreiheit. Im Innern kann er der Dekoration breitesten Raum lassen, der malerischen und der plastischen, da sie seiner unmittelbaren Kontrolle unterworfen ist.

Scharen von Freskenmalern und Bildhauern hohen Ansehens in der Stadt, die meisten bereits auf dem Land erprobt von Sanmicheli, beteiligen sich dabei, von Veronese bis zu Zelotti, zu Fasolo, von Vittoria bis Ridolfi: es entsteht ein Darstellungsuniversum, das den »großen Glanz« des städtischen »Edelmanns« unterstreicht (ersichtlich im Dreiecksgiebel des Herrenhauses, nach Umkehrung der ursprünglichen religiösen Bedeutung zu weltlichen und bürgerlichen Werten), ihn darstellt als Hauptfigur einer Urbarmachung als »heiligem« Ackerbauunternehmen, worauf die ausgeführten Bildfolgen immer wieder hinweisen. Doch diese beziehen den unmittelbaren Außenraum ein, in dem sie sich ausbreiten und den sie kennzeichnen: man denke nur an die Villa Barbaro in Maser mit den »lieblichen Gärten«, die schon Giulia da Ponte 1559 bewunderte, und mit dem »schönen, göttlichen Brunnen«; oder an die Villa Rotonda.

Wenn auch in der Planungsmethode Palladio die Beziehung zum »Platz« einer der unabdingbaren Pole des Engagements ist und sein ausgeführtes Werk in einem atmosphärischen Kreislauf lebt, daß den Wechsel zwischen Innenräumen und Außen ermöglicht, so enthält es doch darüber hinaus eine genauestens berechnete Planung des Verhältnisses zum freien Land: im Rahmen einer ziemlich umfangreichen Zeichnung wird ein äußerer Raum als Mittler zwischen der inneren Gebäudegliederung und den nicht begrenzten, nicht beherrschbaren Räume präzise eingeplant. Wie Palladios den Garten als unverzichtbares Element der Landhausidee erzeugt (die »Gärten und die Haine«, schreibt der Meister, »sind die Seele und die Freude der Villa«), gehört ihrem Wesen nach wiederum der Kultur des vorhergehenden 15. Jahrhunderts an und ändert nicht den grundsätzlichen Rahmen der venetischen Tradition, obwohl der Übergang vom Gebäude zum freien Land fließend ist und letztlich eine Dosis künstlicher Natur vermittelt, eine leichtatmigere Natur, abgestuft durch unterscheidende quantitative Eingriffe, abgeleitet von der erweiterten städtebaulichen Kontrolle über diesen Raum (Gärten, Haine, »Brunnen und andere ergötzende Orte«, Obstgärten, verschiedener Anbau). Der Garten vervollständigt deshalb die eigentlichen Baustrukturen der Villa. Er ist die organische Verbindung zwischen dem herrschaftlichen und dem wirtschaftlichen Teil, gleichzeitig bringt er die so geschaffene Einheit in eine großenteils bereits bestimmte Dimension der Städtebaugeschichte ein. In diesem Sinn besitzt er den Wert einer notwendigen Triebkraft in diesem Vorgang einer »formellen Vermessung« des Gebietes und seiner nicht umkehrbaren Umbildung zur unverwechselbaren Landschaft. Der Garten wird von den strukturellen Ursachen der Verbindung, gedeutet und dargestellt von, allen voraus, Palladio.

Einschiffungen nach Kythera und der Traum vom Parnaß

Zwischen 1570 und 1630 erfährt die sich seit Beginn des 16. Jahrhunderts vollziehende Zuwendung des venezianischen Patriziats zur Renten abwerfenden Geldanlage einen besonderen Schub. Einerseits stimmt dieser Vorgang mit dem Ende der europäischen Rolle Venedigs überein, andererseits hängt er mit dem Niedergang der führenden Schichten zusammen die eine besondere historische Lage verkörperten und originales nationales Kulturgut schaffen konnten. Von Historikern ist hervorgehoben worden, wie gerade der Abtritt des venezianischen Staates vom Rang einer internationalen Macht ab dem Beginn des 16. Jahrhunderts die Umwandlung zum Grundbesitz beschleunigte und eine starre Neuordnung der aristokratischen Strukturen im Inneren bedingte. Der »Größenwahn« – so die Randbemerkung eines aufhellenden »Berichtes der Stadt und Republik Venedig« (Cozzi) aus dem 17. Jahrhundert – wird das »dominierende Motiv« im Leben des Adels: man denke an die Anschuldigungen Zuccolos, »wieviel Mühe man sich gäbe, bewundert zu werden«. Wirklich, die prunkvolle, die aufgrund der Abstammung privilegierte, von Reichtum gestützte Rolle ist das Ziel privater Fördertätigkeit im künstlerischen Bereich. In diesem Zusammenhang ist auch die Umgestaltung und Festsetzung der Umgebung und des Raums des Landsitzes zu sehen, soweit sie uns hier angeht. So ist es charakteristisch, welch zweideutige Haltung die großen Familien, in deren Händen sich wirtschaftliche und politische Macht konzentriert hatten, gegenüber den gewaltig gewachsenen Landgütern zeigen. Sie wollen persönlich deren Führung und Produktion überwachen, betonen aber durch einen sichtbaren tiefen Einschnitt das Bestehen einer priviligierenden und fast verachtenden Höherstellung, wenn es um die Einordnung der eigenen Wohnung bei der Erweiterung der Wirtschaftsgebäude geht.

Während Palladio empfahl, »die Dreschtenne nicht zu nahe am Haus des Herrn zu errichten, wegen des Staubs, noch zu weit weg, so daß sie nicht mehr gesehen werden könne«, und dann darauf bestand, »das Gesinde bequem und ohne Enge unterzubringen«, schlägt Barpo wenig als ein halbes Jahrhundert später vor, die wegen des »abscheulichen Lärms« lauten Häuser der Bauern möglichst weit weg zu bauen und sie »niedrig und dunkel zu machen, so daß (die Arbeiter) keinen Genuß daran hätten und sie ungern bewohnten, sondern auf dem Land bei der Arbeit blieben, bei der Mühe, und nicht im Unterstand in Frieden und im Schatten sich ausruhten«. Die Anwesenheit der Städter auf dem Lande drückt sich, nachdem Palladios Synthese zerbrochen war, schon auf der Ebene der Aufgabenverknüpfungen aus: in einer eifersüchtigen und stolzen Trennung von der durch den Ackerbau kultivierten Welt, in einer Vereinsamung, zunächst sozusagen kontrapunktisch durch geometrischen, frostigen Klassizismus (wie bei der Rocca Pisana des Scamozzi) oder strenge Wiederverwendung mittelalterlicher Burgbauweise (wie bei Catajo), dann im Rahmen prunkvoller Sitze. Dort vertreibt man sich die Zeit mit einer Muße und einer Unterhaltung, die sich in glänzender und selbstgefälliger Haltung ausdrückt.

Die großen Architekten, Maler und Bildhauer, bei der Errichtung der erneuerten Stadtsitze beschäftigt, werden einbezogen von dem neuen Schwung; sie befolgen einen Auftrag, der lediglich großartig wuchernde Familienverherrlichung mittels mythologischer und rhetorischer Anspielungen verlangt, Einschiffungen nach Kythera und Zufluchten in Arkadien. Einmal mehr werden die Gegebenheiten in Palladios breit angelegtem Dialog umgedreht: die ausufernde Mythologie besetzt die der Dekoration eingeräumte Vorzugsstellung. Innerhalb des wohlbegrenzten Wohnraums in der Villa wird das Gegenspiel Inneres-Umgebung vollgepackt mit Überraschungseffekten aus der zeitgenössischen Theatertechnik. Der Schatz der Zutaten vervielfacht sich, sie neigen zum lärmenden Effekt, zum Mechanismus eines Spiels aus unerschöpflichen Überraschungen.

Das »unglaubliche Labyrinth«, »größte Lüge von allen« und skandalöses Verwirrsymbol (um es mit Borges zu sagen. Und wirklich eine Form der Hingabe aus Spiel, die Verwirrung im Hintergrund nicht verbergen kann) kommt zwischen dem 17. und dem 18. Jahrhundert öfters im Zusammenhang des Gartens vor, beginnend mit jenem, der vom Prokurator Antonio Barbargio 1669 eingerichtet wurde um die eigene Villa in Valsanzibio herum. Sie steht als reines monumentales Koordinationszentrum einer grandiosen mehransichtigen Szenerie da, gesteuert von dem Willen, der Natur Zwang anzutun, wie Le Nôtre, der Erfinder der »französischen« Gärten, in seinen rationalen Geometrien. Man muß im Verhältnis von künstlicher Ausformung der Natur zur Villa Kenntnis nehmen von einem Bruch und einer Umkehrung des von der früheren Praxis erreichten und in Regeln gefaßten Gleichgewichts: Nicht mehr der Garten bildet die szenische Ergänzung des Gebäudes, sondern das Gebäude vervollständigt den Garten oder bietet den Bezugspunkt für seine launische Ausbreitung. Man denke an die von den Pisanis in Strá errichtete Villa: hier ist geradezu die ehrgeizige Absicht, den Dogen und Fürsten zu feiern, mitenthalten. Man will im Bewußtsein von Versailles und im Bestreben, durch den größten Prunk auf dem Lande und im gedachten direkten Dialog mit der selbstverherrlichenden Darstellung in der Stadt in Konkurrenz zu treten, das vollständigste und das befriedigenste Ergebnis finden. Der liederliche Formalismus von Ferolamo Frigimelica, gespeist aus reicher internationaler Erfahrung, und die spielerische Minderung der harmonisch-mathematischen Annahmen von Francesco Maria Preti erfinden dazu die räumliche Form. In Übereinstimmung mit dem Bilder- und Plastikenrausch, der Zimmer und Salone bevölkert, wird eine spektakuläre Montage von Objekten der Natur, Skulptur und Architektur zusammengestellt, lesbar als gewaltige und gefällige Szenographie der Natur.

Oder man betrachte Villa Manin in Passariano. Die überwachenden und gestaltlich markierenden Türmen, den Durchlässen, Angelpunkten der Baugestaltung, sind Zeichen feudaler und schloßherrlicher macht und der darin liegenden Abtrennung. Von ihnen geht der Verlauf der Gebäude aus – der *Barchesse*, der Exedra (»dem großen Platz in Rom ähnlich«, lesen wir in einer Beschreibung von 1766) – und schließt sich wieder in ihnen. Seinen sichtbaren und bedeutsamen Brennpunkt hat der Gebäudekomplex im herrschaftlichen Kern, wahrlich Angelpunkt einer Bühneninszenierung, von dem jedoch die umliegenden Räume, soweit sie nicht beherrscht werden, ausgeschlossen bleiben. Die glatte Fliesenverkleidung an den Außenwänden betont die unabänderliche Entfremdung des Gebäudekomplexes; sie ist die Verneinung der im Innern ausgebreiteten Höfe und Gärten, prächtig und reich gegliedert. So wird er der Tage und Stunden in mechanischer Gewohnheit abzählenden Zeit entrückt, um in der Isolierung die ruhende Zeit eines unwiederholbaren Familienmythos herzustellen. Der Zierrat der privaten Verherrlichung in Bildern und Plastik ist das am selbstverständlichsten lesbare, herausragende bildnerische Element. Er stimmt jedoch mit der von ihm untrennbaren architektonischen Ordnung voll überein, im Rahmen eines in jedem Punkt berechneten ikonographischen Plans. Das einzige mögliche Verbindungsglied zu den unteren sozialen Schichten, beschäftigt mit Arbeit und Schaffung von Wohlstand (untergebracht in abgetrennten Gebäudeanlagen: denn die zur Villa gehörenden Wirtschaftsteile stehen in strenger Beziehung zu ihren funktionalen Bedürfnissen), ist die Kirche. Sie ist mit den Herrschaftsgebäuden verbunden, aber nach außen offen: keine private Kapelle, sondern Ort der Begegnung, auf der einzig möglichen Ebene der Versammlung von Herren und Knechten vor Gott.

Und wenn auch beeindruckende Bestätigungen wie die erwähnte und andere mögliche (man denke zumindest an die Villa Contarini Camerini in Piazzola) nicht die Regel sind, so bestimmt doch in dieser Phase eine gleiche Auffassung der Lust als oberstes Prinzip die venetische Ideologie des Villenaufenthalts. Sie tendiert zur Wiederherstellung des Ideals der Sommerfrische als Flucht in außergeschichtliche, unverdorbene Stätten. Vor dem Garten des im 17. Jahrhundert hergerichteten Schlosses Grimani Marcello in Montegalda ruft Scoto aus: »Du wirst das Schloß in Metegalda entdecken, einst wichtige Grenze gegen den Feind, jetzt dank dieses goldenen Friedens fast geworden zum Schloß der Alcina . . . .« Der Geschmack für Pracht und Luxus, der geschichtlich festgesetzten Strukturen eigen ist (und im Verlauf des 18. Jahrhunderts innrhalb der Einheit städtischer Weltanschauung auch bescheidenere Klassen, sogar bürgerliche, erfaßt, jedoch unter Einbeziehung ihres Bewußtseins in die »herrschende geistige

Macht«), erstellt in der Organisation des Landaufenthalts seine Lösungen im Sinne reiner Prahlerei. Er bezeugt und stellt noch einmal gesellschaftliche Überlegenheit zur Schau, bestimmte Maßnahmen privaten Vergnügens: die erlesene Präsentation prunkendes Ansehens oder die Ausübung gesellschaftlichen Salonlebens, voll von frivolen und galanten Nuancen, oder auch die Befriedigung des Bedürfnisses nach einer in geheimer Einsamkeit eifersüchtig gehüteten Wohnung. Diese Bestimmung legt im Grunde eine noch strengere Trennung fest, nicht nur gesellschaftlich und nach Klassen, sondern nach unabänderlichen, unvereinbaren Schicksalen: in einem vielsagenden Bild von giandomenico Tiepolo schaut ein Pulcinella über eine Mauer in eine ihm verbotene Welt, in eine Villa mit großem Garten.

Der gemeinsame Nenner steht jedoch, bei näherem Hinsehen, nicht im Widerspruch zu den Voraussetzungen. Die Vorschrift der Fiktion und des Schauspiels bezeugt den Sinn eines eindeutigen Strebens, das die hier geschilderte lange Entwicklung abschließt. Letztlich gründet dieses Streben deutlich in den Wurzeln eines dauerhaften, auf die Übergabe eines Landschaftserbes gerichteten, kulturellen Planes, nämlich den Willen zur formalen Naturbeherrschung. Jetzt geht alles auf und hat einen Sinn, bis zum letzten Bau, gemäß den Regeln eines glückseligen Landes vollständiger Gemeinschaft mit der Kunst: eines still über den Wogen der Zeit schwebenden Parnasses. »Fortunam virtus vincere sola potest«, allein die Tugend kann das Schicksal besiegen, ist der Leitspruch auf dem Wappen eines bedeutenden Bauherrn. Aber welche Tugend ist es (ist es inzwischen geworden), die den Zufall besiegen kann? »Der Reichtum«, lesen wir in einer kleinen Abhandlung von 1708, »ist der Stoff des Adels, in dessen Geist alte Tugend von Bluts wegen weilt.« Das also stellt sich als die Grundlage der Villen in der letzten Phase als Befreiung heraus, Entrükkung vom Schicksal (das Notwendigkeit und Tod heißt) und als Flucht in die Täuschung eines Traums mit seinen erfundenen Riten und Festen, eines auf dem Boden des Reichtums gewachsenen Traums, der sich seiner Ursprünge nicht erinnern will und zeitlos ist.

Eine der von Orazio Marinali in Stein gehauenen Statuen, die den Garten der Villa Garzadori da Schio in Costozza di Longare schmücken.

Villenburg der Giustinian, heute Ciani Bassetti, in Roncade. Am Beginn des 15. Jahrhunderts, gleich nach der politischen Einigung des Festlandes durch die Republik Venedig und nachdem das Leben auf dem Lande sicherer geworden war, fing man an, die alten, mit komplizierten Verteidigungssystemen versehenen Burgen zu verlassen und dem Verfall zu überlassen, und neue Gebäude, Villen, zu schaffen. Sie dienten als Sommerwohnsitze und, verbunden mit den umliegenden Ländereien, Zentren landwirtschaftlicher Tätigkeit, die die Mitglieder der Oberschicht, vor allem der venezianischen, nach und nach erwarben. Viele Burgen wurden abgerissen, andere verfielen, wiederum andere wurden für diese neue Lebensweise umgestaltet. Die auf diesen Seiten abgebildete Villa wurde von Girolamo Giustinian ab Ende des 15. Jahrhunderts auf dem Gelände einer Burg der Familie Sanzi erbaut: obwohl ganz der Renaissance zuzuordnen – zu ersehen vor allem an der wunderschönen zweigeschoßigen Bogenloggia der Fassade (Seite 19) –, ist sie von einer Mauer mit großen Türmen und einer vorgetäuschten Zugbrücke (rechts) umgeben.

Villenburg Da Porto Colleoni in Thiene. Das heutige Gebäude ist das Ergebnis einer Reihe von Umbauten und stammt aus der Mitte des 15. Jahrhunderts; die gotischen Merkmale auf der Außenseite des Herrenhauses werden Domenico da Venezia, die im Renaissance-Stil Pietro Lombardo zugeschrieben. Der Baukomplex besteht aus zwei hohen zinnenbekrönten Ecktürmen, einem Mittelbau mit fünfbogigem Portikus im Erdgeschoß und einer herrlichen Spitzbogen-Fensterarkade im ersten Obergeschoß (oben). Die Stallungen (unten) wurden von Francesco Muttoni Anfang des 18. Jahrhunderts gebaut. Ab der zweiten Hälfte des 16. Jahrhunderts führten zwei Schüler des Paolo Veronese die Freskengemälde im Innern der Villa aus: Giovanni Antonio Fasolo und Giovan Battista Zelotti malten, wahrscheinlich zusammen, die auf den beiden folgenden Seiten abgebildeten Fresken im großen Saal des Erdgeschoßes: oben, Mutius Scaevola vor Porsenna; unten, Sophonisbe vor Massinissa; Seite 23 das Gastmahl der Kleopatra.

Villa Agostini in Cusignana di Giavera del Montello (unten). Der am Anfang des 16. Jahrhunderts häufigste Typus der venetischen Villa wurde in den Jahrzehnten vorher erprobt, hat einen drei- oder mehrtorigen Portikus im Zentralbau, in Anlehnung an den für die alten Wohn- und Geschäftshäuser Venediges typischen Portikus im Erdgeschoß, der zum Laden und Entladen der auf dem Wasser beförderten Waren diente. Die Bemalung der Außenfassade mit Fresken geht ebenfalls auf eine in der Lagunenstadt und auch auf dem Festland festzustellende Tradition zurück.

Villa dei Vescovi, heute Olcese, in Luvigliano di Torreglia, zwischen 1529 und 1535 von Falconetto für den Kardinal Pisani, den Bischof von Padua, errichtet und nachträglich von Andrea da Valle umgebaut. Sie liegt auf einer Anhöhe in den Euganeischen Hügeln (rechts oben) und weist eine kompakte Struktur vor, die jedoch von herrlichen Loggien und Freitreppen (rechts unten) aufgelockert wird. Sie dienen zusammen mit den Terrassen dazu, die umliegende Natur architektonisch einzubeziehen, zu beleben und zu ordnen.

Villa Garzoni, jetzt Carraretto, in Pontecasale di Candiana. Ab 1536-1537 errichtete Jacopo Sansovino für die Familie Garzoni diese originelle Villa (rechts), wahrscheinlich das einzige von ihm erbaute Landhaus. Zu dem zweistöckigen Gebäude, das sich auf einem massiven Sokkelgeschoß erhebt, führt eine sanft ansteigende Freitreppe. Die äußerste Einfachheit und Symmetrie der Fassade wird belebt durch den fünfbogigen Portikus mit dorischen Halbsäulen, ein Motiv, das sich in der Obergeschoßloggia mit ionischen Halbsäulen wiederholt: diese Ordnung erinnert an die der Alten Bibliothek (Libreria Marciana) in Venedig, ebenfalls von Sansovino erbaut. Die Villa hat eine eigenartige, von Statuen umgebenen Dachterrasse (unten): in der Mitte befindet sich die Zisterne mit der von Sansovino gehauenen Einfassung (Seite 27), in die das Regenwasser von den Dächern und dem gerippten Boden der umliegenden Terrasse geleitet wird. Von der Zisterne fließt das Wasser unter den Böden der Räume im Erdgeschoß, die dadurch abgekühlt werden, in den Garten, wo es zur Bewässerung verwendet wird.

Villa Godi Valmarana, heute Malinverni, in Lonedo di Lugo Vicentino (auf diesen beiden Seiten). Zwischen 1537-1538 und 1542 auf dem Standort eines früheren Baus errichtet, ist sie eine der ersten von Andrea Palladio erbauten Villen. Der zurücktretende Zentralkörper mit Freitreppe und dreibogiger Loggia wird flankiert von zwei vorspringenden seitlichen Baukörpern, die ihrerseits von zwei kleineren Barchesse, *mit Portikus versehenen Flügeln, fortgesetzt werden, nach dem Vorbild des Bauernhauses, wo sie zur Aufbewahrung von Heu und Getreide dienten.*

Das Innere der Villa ist mit Fresken verschiedener Künstler bemalt, wie von Palladio selbst angegeben: »Geschmückt wurde dieses Gebäude mit schönen und einfallsreichen Gemälden von Messer Gualtiero aus Padua, Messer Battista del Moro aus Verona und Messer Battista Zelotti aus Venedig... den originellsten und besten Malern unserer Zeit«. Auf den beiden folgenden Seiten links oben Salon der Musen und Dichter, von Moro dekoriert; unten Ehrensaal mit Fresken von Zelotti; Seite 31 Saal des Olymps, ebenfalls von Zelotti.

Villa Almerico Capra (heute Valmarana), »La Rotonda« genannt, in Vicenza, Palladios berühmteste Villa, um 1567 begonnen. Den vier Seiten des quadratischen Zentralbaus mit Rundsalon in der Mitte (daher der Name) sind ionische Säulenhallen vorgestellt. Das Gebäude, das sich am Rande der Stadt befindet, hatte keinen landwirtschaftlichen Zweck, sondern wurde vom Bauherrn – dem Literaten Paolo Almerico – als Ort erlesener humanistischer Gespräche konzipiert. »Es handelte sich also«, schreibt der Kunsthistoriker Nicola Ivanoff, »um eine Art Musentempel«, und somit wird uns klar, warum dieses profane Gebäude als erstes eine Kuppel, das Symbol des Himmelsgewölbes, hat, was seit der Antike als exklusives Merkmal sakraler Gebäude galt. Diese Kuppel wird in Palladios Werk »Die vier Bücher der Architektur« reproduziertem Aufriß als Halbkugel gezeichnet, während sie in Wirklichkeit als Flachkuppel ausgeführt wurde. Daher wird ein Eingriff Scamozzis vermutet, dem auch einige Vervollständigungen an der Villa zuzuschreiben sind.

MARIVS CAPRA
GABRIELIS F

Mit dem Bau der Villa Barbaro, heute Volpi, in Maser wurde Palladio zwischen 1556 und 1557 von Daniele und Marcantonio Barbaro beauftragt. Die Bauherren spielten in diesem Fall eine bedeutende Rolle: der architekturkundige Daniele, ein tiefer Kenner Vitruvs, beteiligte sich sicher an dem Entwurf, während der hervorragende Politiker Marcantonio, gerade aus Fontainebleau zurückgekehrt, eine Öffnung zu französichen Mustern förderte, besonders am Nymphäum (unten Seite 34) ersichtlich, an dem er vielleicht auch selbst als Laienbildhauer Hand anlegte. Die Villa besteht aus einem zentralen Wohnbau mit übergiebelter Säulenfassade in Kolossalordnung und zwei seitlichen Flügeln, abgeschlossen mit Taubenschlägen (links unten). Das Tympanon wurde von Alessandro Vittoria mit gewaltigen, auf Delphinen reitenden Gestalten verziert, die das Wappen der Barbaros halten. Die Innendekoration stammt von Paolo Veronese, der hier seinen größten und gefeiertsten Freskenzyklus ausführte. Auf den beiden folgenden Seiten links die Decke des Bacchusraums; recht das Gewölbe des Saals des Olymps.

Die Fresken Veroneses in der Villa Barbaro erstrecken sich auf die Räume des zentralen Wohnbaus: fünf Säle und eine weite Halle in Kreuzform. Nach den neuesten Forschungen entstand das Werk um 1561; einstimmig wird die Handschrift des Meisters erkannt, er zaubert unerschöpflich optische Täuschungen hervor, die die von Palladio konzipierte architektonische Anlage durcheinanderwerfen und ihr eine andere Bedeutung geben. Die Wahl der Themen wurde vielleicht von Daniele Barbaro bestimmt. Er wollte durch allegorische und mythologische Darstellungen die himmlische Harmonie verherrlicht sehen, die über das friedliche Familienleben waltet. Insbesondere ist die kreuzförmige Halle (Seite 39) dekoriert mit Landschaften und Musikantinnen seitens der vier Türen, zweier plastischer und zweier gemalter, aus welchen ein Page und ein Mädchen blicken. Im 19. Jahrhundert wurden die Fresken beschädigt, als die damaligen Besitzer, die Giacomellis, sie zudecken ließen, um sie mit Familienporträts zu bemalen: damit der neue Putz besser haftete, wurden die Freskenlandschaften teilweise angekratzt. Ursprünglich war auch die Decke mit Fresken verziert.

Villa Conti, heute Lampertico, in Montegaldella, »La Deliziosa« (die Entzückende) genannt (unten). Sie wurde 1622 von einem anonym gebliebenen Architekten für den Cavaliere Pietro Conti begonnen und im 18. und 19 Jahrhundert teilweise umgebaut. Aus einem weiten Portikus blickt man auf einen wunderschönen Garten, in dem sich einmal 164 Statuen befanden: darunter die sehr originellen von Orazio Marinali, italienische Theatermasken darstellend. Sehenswert ist auch das schöne Schmiedeeisengitter (rechts).

Villa Garzadori da Schio in Costozza di Longare. Es handelt sich um einen gegen die Mitte des 18. Jahrhunderts vereinheitlichten Baukomplex, der eigentlich aus drei in verschiedenen Höhen gelegenen Gebäuden bestand (links oben), zwischen 1690 und dem darauffolgenden Jahrhundert entstanden. Links unten der Eingang des höhergelegenen Pavillons, eines kleinen direkt in dem Felsen gehauenen Raums, dekoriert mit Fresken von Ludovico Dorigny, einem französischen Maler aus der ersten Hälfte des 18. Jahrhunderts. An den Wänden sind steinerne Nischen mit Statuen von Orazio Marinali (unten).

Villa Rezzonico in Bassano del Grappa. Das wuchtige Bauwerk mit den vier Ecktürmen, die an die alten Villenburgen erinnern, wird fast einstimmig Baldassarre Longhena zugeschrieben (dem Erbauer des venezianischen Palastes am Canal Grande für dieselbe Familie). Unbekannt ist jedoch das Entstehungsdatum der Villa, die im 18. Jahrhundert von Antonio Gaidon durch zwei Barchesse *und seitliche überdachte Gänge vervollständigt wurde. Durch die schlichte Fassade und die insgesamt streng wirkende Erscheinung unterscheidet sich dieses Bauwerk beträchtlich von den berühmteren Werken Longhenas sowie von der bühnenmäßigen Überfülle des venezianischen Barocks, dem man allerdings im Innern wiederbegegnet, in der grandiosen Halle, im monumentalen Treppenhaus, im weiten Ehrensaal und vor allem in den reichen Stukkaturen. Longhena verdanken wir andere venetische Landhäuser, z. B. Villa Widmann in Bagnoli, Villa Pesaro in Este, und einige mehr, die nachträglich abgerissen wurden, wie die originelle Villa Contarini alla Mira mit achteckigem Grundriß und vier radialen Baukörpern.*

Die Innenräume der Villa Rezzonico sind mit wunderbaren Stukkaturen dekoriert. Links der gelbe Saal mit kostbaren Motiven in Weiß und Gold. Von der Mitte der Decke hängt ein großer Murano-Leuchter, an den Wänden sind einige lackierte und geschnitzte Möbel in typisch venezianischem Barockstil: dadurch wird der Saal zum Musterbeispiel der damaligen Einrichtungsweise. Unten ein Deckenfresko von Giovan Battista Volpato mit Stuckeinrahmung aus dem 18. Jahrhundert.

V TRIVENETA DELLE ARTI

Villa Contarini Camerini, heute Simes, in Piazzola sul Brenta. 1546 begann man mit dem Bau dieser Villa auf den Ruinen einer Burg. Aus unanzweifelbaren Urkunden geht hervor, daß der ursprüngliche Kern von Palladio stammt. Im 17. Jahrundert wurde er reichlich mit Ornamenten überzogen, und man fügte zwei lange balustraden- und statuenbekrönte Flügelbauten an. Nachträglich wurde der große halbkreisförmige Portikus gebaut, der jetzt den Dorfplatz bildet. Im Schloß, gewiß einem der größten Venetiens, sind zwei Theater, eine Musikakademie, Konzertsäle und eine Druckerei untergebracht sowie zahlreiche, mit Fresken und Stuck verzierte Säle und Salons. Die Villa ist umgeben von einem weiten Garten mit Fischteich, Pferderennbahnen, Kanälen und sogar Teichen, auf denen echte Seeschlachten zur Belustigung der Gäste stattfanden. Die Villa war nämlich für die großartigen, von den Contarinis veranstalteten Feste und Empfänge berühmt, wie die bis heute erhaltenen Stiche des im Palast selbst gedruckten Bandes »Die Uhr der Wonne« bezeugen.

Villa Manin in Passariano. Die in der zweiten Hälfte des 17. Jahrhunderts begonnene und anfangs des darauffolgenden Jahrhunderts vollendete, grandiose Villa (auf den beiden vorhergehenden Seiten) besteht aus einem zentralen Wohnbau und zwei langen Barchesse *(rechts unten), Kolonnaden mit verzierten Gewölben, deren geometrisches Muster an den Portikus der Procuratien auf dem Markusplatz in Venedig erinnert. Nach den Kolonnaden, jenseits des schmiedeeisernen Gitters, öffnet sich eine Reihe von Portalen, durch Bögen und Nischen unterbrochen (rechts oben) in einen weiteren, von zwei Kolonnaden im Halbkreis begrenzten Hof. In der Villa, die dem letzten Dogen Venedigs gehörte, verfaßte Napoleon den Vertrag von Campoformido, der 1797 das tausendjährige Bestehen der Republik Venedig beendete. Das Innere ist mit Stukkaturen aus dem 18. Jahrhundert und mit Fresken von Ludovico Dorigny und anderen Künstlern geschmückt. Zur Villa gehören ein großartiger Park und eine wunderschöne kleine Kirche. Alle Villen besaßen übrigens eine Kirche, die öffentlich war und auch von den Dorfbewohnern benutzt werden konnte.*

Villa Loschi Zileri Dal Verme in Biron di Monteviale (unten). Sie entstand nach dem Umbau eines schon vorhandenen Gebäudes um 1734, im Auftrag von Nicolo Loschi, dessen Wappen über dem Bogen des zentralen Balkons (rechts unten) angebracht ist; sie ist ziemlich sicher ein Werk des Architekten Francesco Muttoni, der auch den überaus weitläufigen Park gestaltete. Das extrem schlichte dreistöckige Gebäude hat übergiebelte Fenster im Obergeschoß und wird von einer einzigen Barchessa *flankiert, die sich in den Garten hineinerstreckt.*

Villa Loschi Zileri Dal Verme enthält den ersten Zyklus von Giambattista Tiepolos Villenfresken (1734), der das breite Treppenhaus und den Ehrensaal des ersten Stocks schmückt. Auf der Decke des Treppenhauses ist die »Zeit, die die Wahrheit aufdeckt« dargestellt, an den Wänden verschiedene allegorische Fresken, darunter der »Fleiß, der über die Faulheit triumphiert« (Seite 56); der Ehrensaal ist mit Darstellungen der Tugenden geschmückt: unten die »Almosen verteilende Barmherzigkeit« (links) und der »Vom Ruhm gekrönte Mut« (rechts).

Villa Marcello in Levada di Piombino Dese. Dieses aus dem 16. Jahrhundert stammende und im 18. Jahrhundert völlig neugestaltete Bauwerk besteht aus einem massiven zentralen Baukörper, von zwei niedrigen Terrassen auf Portici und von zwei Barchesse *flankiert, die den italienischen Garten umschließen. Im Innern ist der Ballsalon (rechts) mit Fresken von Giovan Battista Crosato (1736) dekoriert: auf der Decke ist der Olymp dargestellt, auf den Seitenwänden Episoden aus dem Leben Alexanders des Großen. Die anderen Räume sind mit wunderschönen Stukkaturen dekoriert.*

Villa Pisani, heute Villa Nazionale, in Strà. Die im Auftrag des Dogen Alvisi Pisani im vierten Jahrzehnt des 18. Jahrhunderts erbaute Villa entstand auf den Grundmauern eines früheren, bescheideneren, zu Beginn des Jahrhunderts abgerissenen Gebäudes. Das prachtvolle Bauwerk, stärkste Verkörperung des für die venezianischen Adelssitze des 18. Jahrhundert typischen Prunks, ist ein Werk Francesco Maria Pretis, eines venetischen Architekten. Er änderte den ursprünglichen Plan von Gerolamo Fringimelica weitgehend ab, nachdem dieser, anfangs mit der Ausführung beauftragt, 1732 gestorben war. Nach Fringimelicas Entwürfen wurde dagegen die Nebengebäude gebaut: Die Stallungen am Ende des Fischteichs auf der Gebäuderückseite (rechts), die Exedra und der Irrgarten. Der zentrale Baukörper, bestehend aus nicht weniger als 114 Räumen, hat rechtwinkligen Grundriß und eine klassizierende Fassade mit hochgiebliger Pseudovorhalle aus Kolossalhalbsäulen (auf den beiden vorhergehenden Seiten). Beeindruckend ist auch der großartige Garten, mit dessen Verschönerung die Familie Pisani die berühmtesten Bildhauer jener Zeit beauftragte: Marinali, Bonazza, Gai.

Das Innere der Villa Pisani, einst mit kostbaren Gegenständen eingerichtet, kündet von vergangenem Glanz in den Freskengemälden, die die Säle des Obergeschosses schmücken. Besonders großartig sind das Deckengemälde des Bacchus-Saals, von Jacopo Guarana (links) und vor allem Tiepolos Fresko auf dem Gewölbe des großen Ballsalons (unten), das den Ruhm des Hauses Pisani feiert. Das Gemälde wurde 1761/1762 ausgeführt, als letztes Werk des Künstlers vor der Abreise nach Spanien, wo er bis zu seinem Tod blieb.

Villa Cordellina Lombardi in Montecchio Maggiore, heute im Besitz der Provinz Vicenza. 1735 begonnen und erst 1760 vollendet, wird diese Villa mit breiter statuengeschmückter Freitreppe (rechts unten) Giorgio Massari zugeschrieben. Der Architekt, der sich wohl von Palladio inspirieren ließ, schuf hier dennoch ein selbständiges Werk, mit dem er klassische Ideale in einer ganz dem 18. Jahrhundert eigenen Anmut vorbrachte. Der Ehrensalon wurde 1743 von Tiepolo freskiert; auf den beiden folgenden Seiten, »Scipios Edelmut«, auf eine Seitenwand gemalt.

Villa Contarini Rota, heute Piva, in Valnogaredo di Cinto Euganeo. Die Bauarbeiten an dieser Villa fanden vom 15. bis zum 17. Jahrhundert statt. Nach einer Erweiterung im Jahre 1704 erlangte die Villa ihre endgültige Gestalt 1763, als der rechte Flügel hinzugefügt wurde. Aus derselben Zeit stammen die Freskengemälde des Guarna im Ehrensaal (unten rechts) mit Szenen aus Guarinos Gedicht »Pastor Fido«; auf den beiden folgenden Seiten Detail einer Seitenwand mit Darstellung der »Hochzeitsfeier«. Bemerkenswert sind auch die Stuckverzierungen im Spielsaal am Ende der Barchessa.

Villa Valmarana in Vicenza, »Zwergenvilla« genannt wegen der Statuen von Zwergen längs der Einfassungsmauer. Um 1669 begonnen, wurde diese Villa mit den Bauten des Gästehauses und der Stallungen in der ersten Hälfte des 18. Jh. von Francesvo Muttoni vollendet. 1757 bemalten die Tiepolo das Innere mit Fresken; insbesondere dekorierte Giambattista die Säle des Herrentraktes (darunter die beiden rechts: das Atrium oder Saal der Iphigenie, oben, und den Raum des Orlando Furioso, unten), während die Fresken des Gästehauses von Giandomenico sind.

Villa Crotta De Manzoni
Villa Piovene
Villa Rezzonico
Villa Godi Valmarana
Villa-Castello Da Porto Colleoni
Villa Caldogno
"La Rotonda" Valmarana "ai nani"
Villa Loschi Zileri Dal Verme
Villa Garzadori da Schio
Villa Trissino
Villa Cordellina Lombardi
Villa Della Torre
Villa Allegri
Villa Perez Pompei
Villa Carlotti
Rocca Pisana
Villa Pojana
"La Deliziosa"
Villa Contarini Rota
Villa dei Vescovi
Villa Badoer
Villa Rinaldi
Villa Barbaro
Villa Corner Revedin
Villa Emo
Villa Agostini
Villa Gera
Passariano
Villa Manin
Villa Albrizzi
Villa-Castello dei Giustinian
Villa Marcello
Villa Corner Piacentini
Villa Cornaro
"La Malcontenta"
Villa Alessandri
Villa Foscarini Negrelli
"La Barbariga"
Villa Pisani
Villa Contarini Camerini
Villa Molin Kofler
Villa Garzoni
Villa Emo Capodilista
Villa-Castello del Catajo
Villa Barbarigo
Agordo
BELLUNO
Conegliano Veneto
Casella di Asolo
Maser
Cusignana di Giavera del Montello
Lonedo di Lugo Vicentino
Mussolente
Bassano del Grappa
Castelfranco Veneto
Fanzolo
TREVISO
Thiene
S. Andrea oltre il Musone
Levada
Roncade
Preganziol
Costozza di Longare
Caldogno
Piombino Dese
Monteviale
Piazzola sul Brenta
Trissino
VICENZA
Fumane
Cuzzano di Grezzana
Mira
Oriago
Montecchio Maggiore
VERONA
Illasi
Lonigo
Montegaldella
PADOVA
Strà
Pojana Maggiore
Montecchia
Mandriola
Torreglia
Valnogaredo
Valsanzibio
Battaglia Terme
Pontecasale
ROVIGO
Fratta Polesine

Inhalt